Kochspaß mit Winnie Puuh

Impressum

ISBN: 978-3-8212-3313-0

© 2008 Disney Enterprises, Inc.
Basierend auf den „Winnie-the-Pooh"-Werken
von A.A. Milne und E.H. Shepard.
Alle Rechte vorbehalten.

Verantwortlich für diese Ausgabe:
XENOS Verlagsgesellschaft mbH
Am Hehsel 40, 22339 Hamburg

Bildnachweis:
iStockphoto: S. 9, 31, 32, 43, 47; Baes & Duch: S. 10, 11, 34, 35, 41, 45;
iStockphoto/John Peacock: S. 13, 37; iStockphoto/Hayri YANIK: S. 15;
iStockphoto/Kelly Cline: S. 16; Stockfood: S. 19, 21, 23, 29;
iStockphoto/Elemér Sági: S. 25, Fiorenza Cicogna: S. 27, 39;
iStockphoto/Yula Zubritsky: S. 48.

Texte: Carla Felgentreff (S. 4-9, 12-33, 36-37, 40-43, 46-48);
Anette Langholm (S. 10-11, 34-35, 44-45);
Text S. 38-39 basiert auf einem Rezept von Ira L. Meyer.

Lektorat: Stephanie Hendel, Petra Klose

Gestaltung: X-six agency GmbH, Hamburg

Inhalt

Tipps für Hilfs- und Chefköche 4

Picknick & Snacks 7

Kangas Sommer-Nudelsalat	8
Ferkels Backkartoffeln	10
Puuhs bunte Grillspieße	11
Klein Ruhs buntes Gemüsekarussell	12
Eules Sesamkringel	14
Tiggers Picknicksandwich	16

Warme Gerichte 17

Pizza Ferkelino	18
Puuhs herbstliche Kürbissuppe	20
Rabbits Kartoffel-Möhren-Auflauf	22
Mais-Chili für I-aah	24
Tiggers Spezial-Spaghetti	26
Puuhs Couscous-Tomaten	28
Rabbits Reibekuchen mit Apfelmus	30
Tiggers Gute-Laune-Pfannkuchen	32

Kuchen & Süßes 33

Klein Ruhs und Ferkels Goldstücke	34
Christopher Robins Piraten-Lollies	35
Die Hundert-Morgen-Wald-Apfeltarte	36
Puuhs sagenhafte Partytorte	38
Kangas Mango-Vanille-Traum	40
Ferkels feiner Kindersekt	41
I-aahs Lieblings-Cookies	42
Ferkels Feier-Muffins	44
Rabbits Möhren-Honig-Kuchen	46
Gebackene Puuh-Bananen mit Honig	48

Tipps für Hilfs- und Chefköche

Vorsicht!

1. Achte darauf, dass du immer einen erwachsenen Hilfskoch in der Nähe hast, der dich unterstützen kann. Bitte ihn immer um Hilfe, wenn du unsicher bist.

2. Sei vorsichtig, wenn du Messer, Scheren, Dosenöffner oder elektrische Geräte benutzt.

3. Benutze elektrische Geräte nie mit nassen Händen oder in der Nähe von Wasser. Ziehe beim Mixer den Netzstecker, bevor du die Rührbesen herausholst oder hineinsteckst.

4. Verwende immer Topflappen, wenn du mit heißen Töpfen, Pfannen, Auflaufformen oder Backblechen hantierst.

5. Verlasse nie die Küche, solange du einen Topf oder eine Pfanne auf dem eingeschalteten Herd stehen hast. Der Inhalt könnte anbrennen oder überkochen.

6. Stelle Pfannen so auf den Herd, dass der Stiel nicht über den Herdrand hinausragt. So vermeidest du, dass du die Pfanne aus Versehen herunterreißt.

7. Stelle heiße Töpfe, Pfannen oder Auflaufformen immer auf feuerfeste Untersetzer.

8. Schalte die Herdplatte aus, sobald du mit dem Kochen fertig bist. (Bitte deinen erwachsenen Hilfskoch, darauf zu achten!) Denke daran, dass sie auch nach dem Ausschalten noch eine Weile heiß bleibt.

Abkürzungen:
TL = Teelöffel
EL = Esslöffel
l = Liter
ml = Milliliter
g = Gramm

Probier's mal anders:
Für Kochanfänger ist es hilfreich, sich genau an die Rezepte zu halten. Wer etwas Übung hat, kann diese Rezepte aber auch abwandeln – darin liegt die Kunst des Kochens. Ein paar Ideen für Varianten schlagen wir dir vor, aber denke dir auch gern selbst neue aus!

Tipps für Hilfs- und Chefköche

Chefkoch oder Hilfskoch?

Einfach: Hier bist du der Chefkoch. Mit ein bisschen Übung kannst du dieses Gericht allein zubereiten.

Mittel: Bei diesem Rezept brauchst du einen erwachsenen Hilfskoch.

Schwierig: Dieses Rezept ist ganz schön schwer. Ernenne lieber einen Erwachsenen zu deinem Chefkoch und unterstütze ihn tatkräftig.

Bevor du loslegst:

1. Wasche dir die Hände mit warmem Wasser und Seife. Wenn du lange Haare hast, binde sie zurück.

2. Binde dir eine Schürze um und krempte lange Ärmel deines Pullis hoch.

3. Frage deinen Hilfskoch: Habt ihr auch wirklich genug Zeit, um das Gericht zuzubereiten?

4. Lege alle Zutaten, die auf der Liste stehen, bereit. Suche auch andere Dinge, die du zum Kochen brauchst – Messer, Schneidebretter, Töpfe usw. –, schon mal heraus.

5. Bereite die Zutaten so vor, wie es auf der Liste steht: Wiege die genauen Portionen ab, die du brauchst, hacke Kräuter oder reibe Käse. Wenn du das gemacht hast, kannst du die einzelnen Kochschritte später zügig erledigen, und das Kochen macht mehr Spaß!

6. Lies dir das Rezept genau durch, bevor du zu kochen anfängst.

Und hinterher:
Räume die Küche ordentlich auf und wische Arbeitsflächen und Herd mit einem feuchten Tuch sauber!

Tipps für Hilfs- und Chefköche

Gut zu wissen

Wie bereite ich Gemüse und Obst vor?
Nach dem Waschen oder Schälen und vor dem Kleinschneiden musst du Gemüse und Obst vorbereiten: Überall schneidest du schlechte Stellen und alles, was nicht essbar ist, weg. Bei Tomaten zum Beispiel entfernst du den Stielansatz, am besten ziehst du auch noch die Haut ab. (Das geht ganz leicht, wenn man sie vorher mit kochendem Wasser überbrüht.) Bei Paprika entfernst du Stiel, Kerne und die weißen Häute. Bei Erdbeeren entfernst du das Grün.

Wie koche ich Nudeln?
Fülle einen großen Topf zu drei Vierteln mit Wasser und setze den Deckel drauf. Bring das Wasser bei höchster Stufe zum Kochen. Dass es kocht, erkennst du daran, dass es mit großen Blasen sprudelt. Gib etwas Salz und die Nudeln ins Wasser. Stelle die Kochstufe des Herds etwas niedriger, achte aber darauf, dass das Wasser auch weiterhin kocht. Lass die Nudeln so lange im Wasser, wie es auf der Packung angegeben ist. Dann probiere sie. Die Nudeln müssen noch etwas „Biss" haben, also nicht zu weich oder gar matschig sein. Wenn sie gut sind, gieße sie in ein Sieb.

Wie würze ich richtig?
Das Würzen ist fast das Schwierigste am Kochen und verlangt etwas Übung. Dabei gilt: Probieren geht über Studieren. Gib zunächst nur ein wenig Salz oder Pfeffer oder andere Gewürze in den Topf, koste und gib etwas mehr hinzu, wenn das Essen noch nicht schmeckt. Das machst du so lange, bis der Geschmack gut ist.

Wann ist mein Kuchen fertig?
Ob aus dem glitschigen Teig im Backofen ein fester Kuchen geworden ist, kannst du testen, indem du mit einem dünnen Holzspieß hineinstichst. Klebt noch Teig am Spieß, heißt das: weiterbacken! Mach den Spießtest nach ungefähr fünf Minuten noch mal – so lange, bis kein Teig mehr am Spieß haften bleibt. Erst dann ist der Kuchen fertig. Falls die Oberfläche des Kuchens schon sehr dunkel, der Kuchen aber noch nicht fest ist, kannst du ihn mit Alufolie abdecken.

Wie schmelze ich Schokolade?
Weil Schokolade anbrennen würde, wenn man sie im Topf heiß machen würde, erhitzt man sie im Wasserbad: Fülle einen Topf mit Wasser, stelle eine (Metall-)Schüssel hinein und gib da hinein die klein gebröckelte Schokolade. Erhitze den Topf auf dem Herd zunächst stark, aber Vorsicht, das Wasser darf nicht kochen. Durch das heiße Wasser im Topf wird die Schokolade langsam flüssig. Wenn das Wasser heiß ist, kannst du den Herd ausschalten. **Achtung:** Pass auf, dass kein Wasser in die Schüssel gelangt, sonst gibt's Klümpchen.

Wie wird aus Puderzucker Glasur?
Wenn du Puderzucker mit Wasser oder anderen Flüssigkeiten verrührst, bekommst du eine süße Masse, die du auf Torten und Kuchen verstreichen kannst und auf der Streusel oder Smarties kleben bleiben. Lass diese Glasur trocknen, und du hast einen Zuckerguss. **Achtung:** Damit die Glasur nicht zu flüssig wird, immer erst wenig Wasser zum Puderzucker geben, gut verrühren, und nur, wenn sie noch zu fest ist, vorsichtig etwas mehr Wasser zufügen.

Picknick & Snacks

Picknick & Snacks

Kangas Sommer-Nudelsalat

Das brauchst du für 4 Portionen:

300 g Nudeln, z.B. Farfalle (Schmetterlingsnudeln), Penne oder Spirelli
Salz
250 g Cherrytomaten
½ Bund frisches Basilikum

Für das Dressing:

4 EL Zitronensaft
6 EL Olivenöl
1 EL Honig
Salz und Pfeffer

Probier's mal anders:

Herzhafter schmeckt der Nudelsalat mit einem Tomaten-Schafskäse-Dressing: Hacke 100 g getrocknete Tomaten ganz fein. Mische sie mit 4 EL Sherryessig, 8 EL Olivenöl und 4 EL Tomatenmark und schmecke die Mischung mit Salz und Pfeffer ab. Gib sie zu den Nudeln und mische alles gut durch. Schneide noch 200 g Schafskäse in kleine Stücke und mische ihn unter den Salat.

Picknick & Snacks

So wird's gemacht:

1. Koche die Nudeln laut Packungsanweisung. Nicht alle Sorten haben die gleiche Kochzeit. Die fertigen Nudeln gießt du in ein Sieb und lässt sie abtropfen und abkühlen und gibst sie in eine große Salatschüssel.

2. Verrühre den Zitronensaft, das Olivenöl und den Honig gut zu einem Dressing und schmecke es mit Salz und Pfeffer ab.

3. Halbiere die Cherrytomaten und gib sie zu den Nudeln in die Schüssel. Gieße das Dressing darüber und rühre alles gut um.

4. Lass den Salat vor dem Servieren mindestens eine Stunde lang stehen, so zieht das Dressing ein, und der Salat schmeckt intensiver.

5. Zupfe die Basilikumblätter von den Zweigen, wasche sie und tupfe sie mit Küchenpapier vorsichtig trocken. Verteile sie auf dem Salat.

Tipp:
Vielleicht hast du ein altes, ausgespültes Marmeladenglas mit Deckel; dann kannst du alle Zutaten für das Dressing da hineingeben und das Ganze schütteln – so werden die Zutaten perfekt gemixt.

Aufgaben für deinen erwachsenen Hilfskoch:
- die Nudeln ins kochende Wasser geben
- die fertigen Nudeln abgießen

Picknick & Snacks

Ferkels Backkartoffeln

So wird's gemacht:

Probier's mal anders:
Noch leckerer schmecken die Kartoffeln, wenn du sie in der Glut eines Grills oder Lagerfeuers garen lässt.

1. Heize den Backofen auf 225 °C vor.

2. Wasche die Kartoffeln und schneide dünne Scheiben hinein, achte aber darauf, dass du nie ganz bis zum Boden schneidest.

3. Streiche pro Kartoffel 2-3 TL Kräuterbutter in die Spalten und streue etwas Salz auf die Kartoffeln.

4. Wickle jede Kartoffel in ein Stück Alufolie und lege sie auf den Rost. Schiebe den Rost in die Mitte des Backofens und backe die Kartoffeln rund eine Stunde.

Das brauchst du für 8 Portionen:

8 mittelgroße Kartoffeln
150 g Kräuterbutter
Salz

Was du sonst noch brauchst:
Alufolie

Ungeübte lassen sich hierbei helfen:
- beim Einschneiden der Kartoffeln
- beim Herausnehmen der Kartoffeln aus dem Ofen oder der Glut

Picknick & Snacks

Puuhs bunte Grillspieße

Das brauchst du für 8 Portionen:

400 g Hähnchenbrustfilet
1 Dose Ananasstücke
1 grüne Paprika
16 kleine Cocktailwürstchen
8 kleine Cherrytomaten

Für die Marinade:

2 EL Olivenöl
1 EL Zitronensaft

Was du sonst noch brauchst:

8 Grillspieße

So wird's gemacht:

1. Schneide das Hähnchenbrustfilet in kleine Stücke.

2. Mische für die Marinade in einer Schüssel das Öl und den Zitronensaft, lege die Hähnchenfiletwürfel hinein, mische das Ganze gut durch und stelle die Schüssel abgedeckt in den Kühlschrank. Lass das Fleisch mindestens 30 Minuten ziehen.

3. Gieße die Ananas in ein Sieb ab. Wasche und entkerne die Paprika und schneide sie in grobe Stücke.

4. Stecke alle Zutaten in einer bunten Mischung auf die Grillspieße.

5. Die Grillspieße legst du auf den Grill und lässt sie mindestens 10 Minuten garen, bis das Gemüse weich und das Fleisch gut durch ist. Das kannst du testen, indem du eines der Fleischstücke anschneidest. Wenn es auch in der Mitte nicht mehr rosa, sondern weiß ist, ist es fertig.

Aufgaben für deinen erwachsenen Hilfskoch:

- das Hähnchenfleisch klein schneiden
- die Spieße auf den Grill legen und runterholen

Picknick & Snacks

Klein Ruhs buntes Gemüsekarussell

Das brauchst du für 8 Portionen:

2 Paprika
4 Möhren
2 Gurken
1 Stangensellerie
200 g Cherrytomaten

Probier's mal anders:
Die Dips schmecken auch sehr gut zu Brot oder Grissini.

Ungeübte lassen sich hierbei helfen:
- das Gemüse in Streifen schneiden

So wird's gemacht:

1. Entkerne die Paprika und schneide sie in schmale Streifen. Die Möhren, Gurken und den Stangensellerie schneidest du erst in kürzere Stücke und anschließend in Streifen. So kann man später besser mit ihnen dippen.
2. Bereite die Dips wie rechts beschrieben zu und serviere sie in kleinen Schälchen.

Picknick & Snacks

Schafskäse-Sesam-Dip:

100 g Schafskäse
1 Becher Schmant
2 EL Sesamsamen

Bröckele den Schafskäse in eine Schüssel und verrühre ihn mit dem Schmant. Röste die Sesamsamen bei mittlerer Temperatur in einer kleinen Pfanne ohne Fett. Mische sie unter die Schafskäsecreme.

Paprika-Tomate-Dip:

½ Paprika
6 getrocknete Tomaten
200 g Frischkäse
50 g Crème fraîche
1 Prise Paprikapulver (edelsüß)
Salz und Pfeffer

Wasche und putze die Paprika und schneide sie in ganz kleine Stücke. Hacke die getrockneten Tomaten fein. Gib die Paprika- und Tomatenstücke in eine Rührschüssel. Mische alle anderen Zutaten darunter und schmecke den Dip mit Salz und Pfeffer ab.

Kräuter-Quark-Dip:

1 Knoblauchzehe
250 g Speisequark
150 g Crème fraîche
je 3 EL gehackte Kräuter, z.B. Petersilie, Schnittlauch oder Estragon
Salz und Pfeffer

Schäle die Knoblauchzehe und hacke sie ganz fein oder drücke sie durch die Knoblauchpresse. Gib sie zusammen mit dem Quark und der Crème fraîche in eine Schüssel und vermische alles gut. Rühre zum Schluss die Kräuter unter und schmecke die Creme mit Salz und Pfeffer ab.

Curry-Dip:

200 ml Crème fraîche
2 EL Mayonnaise
1 TL Ketchup
½ TL Curry
1 EL gehackte Petersilie
Salz und Pfeffer

In einer Schale mischst du alle Zutaten und verrührst sie mit einem Löffel. Schmecke den Dip zum Schluss mit Salz und Pfeffer ab.

Picknick & Snacks

Eules Sesamkringel

Das brauchst du für ca. 14 Stück:

175 ml Wasser
175 ml Milch
175 ml Öl
1 Würfel Hefe
1 EL Salz
2 EL Zucker
500 g Mehl
1 Eiweiß
10 EL Sesamsamen

Probier's mal anders:
Du kannst die Kringel auch in Mohn oder Sonnenblumenkernen wenden.

Picknick & Snacks

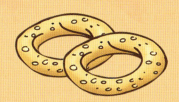

So wird's gemacht:

1. Knete aus Wasser, Milch, Öl, Hefe, Salz, Zucker und Mehl einen elastischen Teig. Teile ihn in ungefähr 14 Teile. Rolle diese Teile in mitteldicke Schlangen. Drücke die Enden jeweils gut zusammen, so dass Ringe entstehen.

2. Heize den Backofen auf 180 °C vor.

3. Rühre das Eiweiß mit etwas Wasser schaumig und verteile es auf einem flachen Teller. Gib die Sesamsamen auf einen anderen flachen Teller. Wende die Ringe zuerst im Eiweißschaum, danach in den Sesamsamen – so bleibt der Sesam haften.

4. Lege ein Backblech mit Backpapier aus und lege die Sesamkringel darauf. Backe sie ca. 40 Minuten, bis sie braun sind.

Ungeübte lassen sich hierbei helfen:
- beim Teigkneten
- beim Herausholen der Kringel aus dem Backofen

Picknick & Snacks

Tiggers Picknicksandwich

Das brauchst du für 4 Portionen:

1 große Tomate oder Fleischtomate
1 rote Zwiebel
8 Scheiben Vollkorntoast
4 TL Mayonnaise
4 TL Butter
4 Scheiben geräucherte Putenbrust
4 Scheiben Emmentaler oder anderen Käse
4 große Salatblätter

So wird's gemacht:

Ungeübte lassen sich hierbei helfen:
- beim Zwiebelschneiden

1. Wasche die Tomate und schneide sie in Scheiben.

2. Schäle die Zwiebel und schneide sie in feine Scheiben. Wenn du die einzelnen Schichten der Zwiebelscheiben auseinandernimmst, hast du Zwiebelringe.

3. Bestreiche vier Sandwichtoastscheiben mit Mayonnaise und vier mit Butter.

4. Belege die vier mit Butter bestrichenen Toastscheiben mit Putenbrust, Käse, Salat, ein bis zwei Tomatenscheiben und Zwiebelringen und decke sie mit den restlichen Toastscheiben zu.

Warme Gerichte

Warme Gerichte

Pizza Ferkelino

Das brauchst du für 2 runde Pizzas:

½ Würfel (20 g) frische Hefe
oder ein Tütchen Trockenhefe
1 Prise Zucker
250 ml lauwarmes Wasser
450 g Mehl
2 EL Olivenöl
Salz

Öl zum Einfetten
500 g passierte Tomaten
oder 1 kleine Dose Tomatenstücke
Pfeffer
Pizzagewürzmischung
2 Packungen Mozzarella
2 Handvoll Basilikumblätter

Was du sonst noch brauchst:

ein Nudelholz
zwei runde Pizzaformen (falls du keine hast, kannst du die Pizza auch auf einem Blech oder in zwei Springformen zubereiten)

Warme Gerichte

So wird's gemacht:

1. Bestreue die Hefe in einer Rührschüssel mit dem Zucker. Darüber gießt du 50 ml lauwarmes Wasser. Gib etwa 2 EL von dem Mehl dazu und verrühre alles mit einem Kochlöffel zu einem dicken Brei. Dann lässt du den Teig abgedeckt 20 Minuten gehen.

2. Anschließend gibst du das restliche Mehl, die übrigen 200 ml lauwarmes Wasser, 2 EL Olivenöl und eine Prise Salz hinzu und knetest den Teig zuerst mit den Knethaken des Mixers und dann mit deinen Händen kräftig durch, bis er elastisch ist. Danach muss der Teig eine weitere Stunde gehen.

3. Heize den Ofen auf 225 °C vor. Fette die Formen oder das Backblech mit Olivenöl ein.

4. Rolle den Teig auf einer bemehlten Arbeitsplatte mit dem Nudelholz auf die Größe der Formen oder des Blechs aus.

5. Lege den Teig in die Formen oder auf das Blech. Verteile die passierten Tomaten oder die Tomatenstücke auf dem Teigboden und würze das Ganze mit Salz, Pfeffer und Pizzagewürzmischung.

6. Den Mozzarella schneidest du in Scheiben und legst diese gleichmäßig auf die Pizzas.

7. Backe die Pizzas ca. 30 Minuten in der Mitte des Backofens, bis sie kross sind und der Käse geschmolzen ist. Hole sie aus dem Ofen und streue die Basilikumblätter darauf, bevor du sie servierst.

Probier's mal anders:
Du kannst deine Pizza auch mit anderen Zutaten belegen (Salami- oder Schinkenwürfel, in Scheiben geschnittene Champignons, Ananasstücke, Mais, Thunfisch, klein geschnittene Paprika) und dann erst mit Käse bestreuen. Probiere statt Mozzarella auch mal geriebenen Emmentaler oder zerbröckelten Schafskäse.

Aufgaben für deinen erwachsenen Hilfskoch:
- den Teig kneten und ausrollen
- die Pizza aus dem Ofen nehmen

Warme Gerichte

Puuhs herbstliche Kürbissuppe

Das brauchst du für 4 Portionen:

1 große Fleischtomate
500 g Kürbisfleisch
1 Zwiebel
1 Knoblauchzehe
2 EL Butter
½ l Hühnerbrühe
2–3 Zweige Thymian
125 ml Sahne
Salz und Pfeffer
2 EL Kürbiskerne

Tipp:
Am besten nimmst du für die Suppe einen Hokkaido-Kürbis, denn seine Schale kann man mitessen, das heißt, du kannst dir das Schälen sparen!

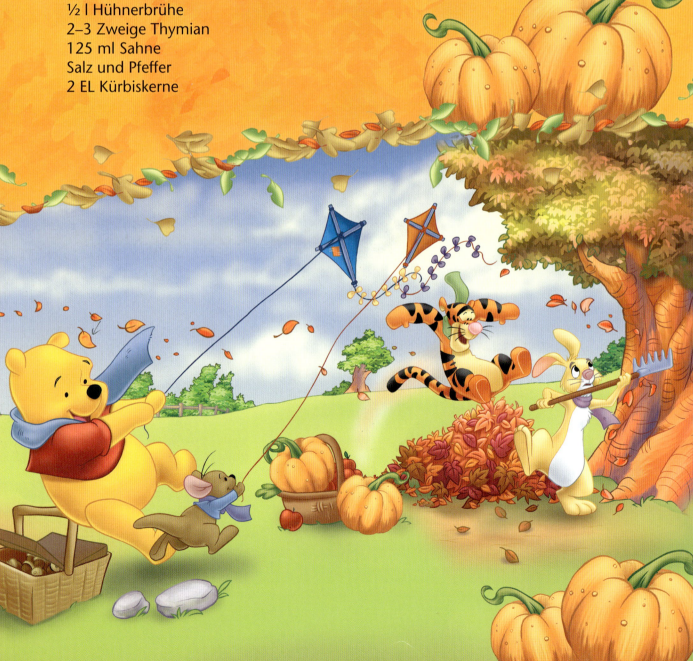

Warme Gerichte

So wird's gemacht:

1. Übergieße die Tomate mit kochendem Wasser und lass sie kurz stehen. Jetzt lässt sich die Haut ganz leicht abziehen. Schäle die Tomate und schneide sie in große Würfel. Den Kürbis würfelst du ebenfalls.

2. Schäle die Zwiebel und den Knoblauch und schneide beide in kleine Würfel. Lass die Butter bei mittlerer Hitze im Topf auf dem Herd schmelzen, gib die Zwiebel- und Knoblauchwürfel dazu.

3. Wenn die Zwiebel glasig ist, gibst du die Kürbiswürfel in den Topf und dünstest ihn etwa 5 Minuten bei stärkerer Hitze mit. Rühre dabei ab und zu um.

4. Gib die Tomate, die Brühe und die Thymianzweige dazu und lass die Suppe 30 Minuten mit geschlossenem Deckel bei schwacher Hitze köcheln.

5. Anschließend pürierst du die Suppe mit einem Pürierstab.

6. Gib die Sahne dazu und schmecke die Suppe mit Salz und Pfeffer ab.

7. Wenn du die Suppe in Teller gefüllt hast, kannst du ein paar Kürbiskerne daraufstreuen. Das ist eine schöne Dekoration und schmeckt noch besser!

Aufgaben für deinen erwachsenen Hilfskoch:
- die Tomate schälen
- den Kürbis würfeln
- die Zwiebel und den Knoblauch fein würfeln

Warme Gerichte

Rabbits Kartoffel-Möhren-Auflauf

Zutaten für 4 Portionen:

400 g Kartoffeln
200 g Möhren
200 g süße Sahne
200 g Crème fraîche mit Kräutern
2 Eier
Salz und Pfeffer
Öl oder Butter zum Einfetten
150 g geriebenen Emmentaler
oder Gouda

Probier's mal anders:
Wenn du es gern etwas deftiger magst, kannst du diesem Auflauf ein Paket Schafskäse hinzufügen. Schneide ihn in kleine Würfel und mische ihn unter das Gemüse. Der Auflauf schmeckt auch lecker mit Blumenkohl oder Brokkoli.

Warme Gerichte

So wird's gemacht:

1. Schäle die Kartoffeln und die Möhren und schneide sie in gleich dicke Scheiben. Das Gemüse füllst du in einen Topf mit gesalzenem Wasser und bringst es zum Kochen.

2. Wenn das Wasser kocht, stellst du die Herdplatte auf schwache Hitze und lässt das Gemüse 15 Minuten köcheln, bis es bissfest ist. Dann gießt du es in einem Sieb über dem Spülbecken ab.

3. In einer Schüssel verrührst du die süße Sahne, die Crème fraîche und die Eier. Würze diese Soße mit Salz und Pfeffer.

4. Fülle das Gemüse in eine gefettete Auflaufform. Gieße die Soße darüber und bestreue alles gleichmäßig mit Käse.

5. Stelle den Auflauf in die Mitte des Backofens und lass ihn bei ca. 200 °C etwa 30 Minuten garen, bis der Käse geschmolzen ist.

Aufgaben für deinen erwachsenen Hilfskoch:
- die Eier aufschlagen
- das Gemüse abgießen
- den heißen Auflauf aus dem Ofen holen

Warme Gerichte

Mais-Chili für I-aah

Zutaten für 4 Portionen:

3 Zwiebeln
2 Knoblauchzehen
1 rote Paprika
Öl zum Anbraten
500 g Hackfleisch
1 kleine Dose geschälte Tomaten oder 500 g passierte Tomaten
nach Geschmack ½ TL Chilipulver
½ TL Kreuzkümmel, gemahlen
Salz und Pfeffer
1 große oder 2 kleine Dosen Kidneybohnen
1 Dose Mais
250 g Reis

Probier's mal anders:

Wer statt diesem milden Kinder-Chili lieber das höllisch scharfe Originalgericht essen möchte, schneidet eine Chili-Schote in feine Stücke und mischt sie unter. Vorsicht, wasche dir hinterher gründlich die Hände! Alles, was mit den Chilis in Berührung kommt, z.B. deine Augen, fängt nämlich sonst zu brennen an. Einfacher geht's, wenn du einen Teelöffel Sambal Oelek unterrührst.

Tipp:

Wenn du möchtest, kannst du als Deko noch eine in Scheiben geschnittene milde Chilischote über das Chili streuen.

Warme Gerichte

So wird's gemacht:

1. Schäle die Zwiebeln und die Knoblauchzehen und schneide sie in kleine Würfel. Wasche und entkerne die Paprika und schneide auch sie in Würfel.

2. Erhitze das Öl in einem großen Topf und dünste Zwiebel- und Knoblauchwürfel an, bis sie glasig sind.

3. Gib das Fleisch dazu und brate es an, bis du keine rohen Stellen mehr siehst. Dann gib die Paprikawürfel dazu und brate sie ebenfalls kurz an.

4. Gib die Dosentomaten dazu, würze mit Chilipulver, Kreuzkümmel, Salz und Pfeffer und lass das Ganze einmal aufkochen und dann 20 Minuten bei schwacher Hitze leicht köcheln.

5. Gieße die Bohnen und den Mais in ein Sieb und lass sie abtropfen. Schütte sie dann in den Topf zum Chili und lass es weitere 20 Minuten köcheln.

6. In der Zwischenzeit kochst du den Reis nach der Anleitung auf der Packung.

7. Wenn der Reis und das Chili fertig sind, füllst du erst Reis auf die Teller und drückst ihn ein wenig platt. Das Chili füllst du in die Mitte der Teller, so dass am Rand noch Reis zu sehen ist.

Ungeübte lassen sich hierbei helfen:
- beim Zwiebel- und Knoblauchschneiden
- beim Dosenöffnen
- beim Reiskochen

Warme Gerichte

Tiggers Spezial-Spaghetti

Das brauchst du für 4 Portionen:

1 kleine Zwiebel
1 rote Paprika
Olivenöl zum Anbraten
400 g Rinderhackfleisch
1 kleine Dose Tomatenstücke
Kräuter der Provence
Salz und Pfeffer
500 g Spaghetti

Wer's mag: 4–8 EL frisch geriebener Parmesan

Probier's mal anders:
Wenn du eine echte Bolognese-Soße kochen möchtest, ersetzt du die Paprika durch ein kleines Stück Sellerie und 2 mittelgroße Möhren und schneidest alles in kleine Würfel. Gib das Gemüse zum angebratenen Hackfleisch, lass es kurz mitbraten und gib dann erst die Tomaten hinzu. Du musst die Soße dann allerdings rund 40 Minuten kochen lassen, damit die Möhren- und Selleriewürfel weich werden.

Warme Geri[chte]

So wird's gemacht:

1. Schäle die Zwiebel und schneide sie in sehr kleine Würfel. Wasche und putze die Paprika und schneide sie in kleine Würfel. Dann erhitzt du das Olivenöl in einem mittelgroßen Topf und dünstest die Zwiebelwürfel darin an, bis sie glasig und gelblich werden.

2. Gib das Hackfleisch hinzu und brate es unter ständigem Rühren von allen Seiten gut an.

3. Sobald kein rohes Fleisch mehr zu sehen ist, gibst du die Paprikawürfel hinzu und brätst sie kurz mit. Füge dann die Tomatenstücke hinzu und rühre alles kräftig durch.

4. Würze das Ganze mit Kräutern der Provence, Salz und Pfeffer und lass die Soße etwa 20 Minuten bei schwacher Hitze köcheln. Schmecke die Soße noch mal mit Salz und Pfeffer ab.

5. Koche die Nudeln laut Gebrauchsanweisung auf der Packung. Gieße sie dann in ein Sieb ab.

6. Verteile die Spaghetti auf vier Teller und gib die Soße darüber. Wer mag, gibt noch 1 bis 2 Esslöffel Parmesan auf die Soße.

Aufgaben für deinen erwachsenen Hilfskoch:
- die Zwiebeln schneiden
- die Spaghetti ins kochende Wasser geben
- die Nudeln abgießen

Warme Gerichte

Puuhs Couscous-Tomaten

Das brauchst du für 4 Portionen:

1 TL Instant-Gemüsebrühe
150 g Couscous (vorgegart)
8 große Tomaten
Salz und Pfeffer
Öl zum Einfetten
2 Eier
4 EL Milch
Muskat

Probier's mal anders:
Du kannst die Tomaten auch mit Käse – je nach Geschmack mit Schafskäse oder geriebenem Emmentaler – überbacken, anstatt die Deckel wieder aufzusetzen.

Warme Gerichte

So wird's gemacht:

1. Heize den Ofen auf 180 °C vor.

2. Koche 300 ml Wasser mit der Gemüsebrühe in einem Topf auf. Nimm den Topf vom Herd und rühre den Couscous ein. Lass ihn 10 Minuten stehen, damit er quellen kann.

3. Schneide die Deckel der Tomaten ab und lege sie beiseite. Höhle den Rest der Tomaten mit einem Teelöffel vorsichtig aus. Gib das Tomatenfruchtfleisch in eine Schüssel und würze es mit Salz und Pfeffer.

4. Gib nun die Hälfte des Tomatenfruchtfleischs zum Couscous, vermische das Ganze gut und fülle die Masse in die Tomaten.

5. Fette eine ofenfeste Form mit etwas Öl. Stelle die gefüllten Tomaten hinein.

6. Verquirle die Eier mit der Milch in einer Schüssel und würze die Mischung mit Salz, Pfeffer und Muskat. Gieße die Eimasse vorsichtig in die gefüllten Tomaten. Gib das restliche Tomatenfruchtfleisch zu den Tomaten in die Form.

7. Setze die Deckel auf die Tomaten und schiebe die Auflaufform in die Mitte des Backofens. Nach ca. 20 Minuten sind die Tomaten fertig.

Ungeübte lassen sich hierbei helfen:
- beim Eieraufschlagen
- beim Hineinstellen der Tomaten in den Ofen und beim Herausholen

Warme Gerichte

Rabbits Reibekuchen mit Apfelmus

Reibekuchen
Das brauchst du für
4 Portionen:

12 große Kartoffeln
Salz und Pfeffer
3 Zwiebeln
2 Eier
8 EL Mehl
Öl zum Braten

Apfelmus
Das brauchst du für
4 Portionen:

10 mittelgroße Äpfel
Honig
oder Zucker zum Süßen

Was du sonst noch brauchst:

einen Pürierstab

Warme Gerichte

Reibekuchen: So wird's gemacht:

1. Schäle die Kartoffeln und raspele sie mit der groben Seite einer Küchenreibe in eine Rührschüssel. Würze sie mit viel Salz und ein wenig Pfeffer.

2. Schäle die Zwiebeln und schneide sie in kleine Würfel. Die Zwiebelwürfel, die Eier und das Mehl gibst du zu der Kartoffelmasse und verrührst alles ordentlich mit einem Esslöffel.

3. Bedecke den Boden der Pfanne mit Öl und erhitze es. Sobald es heiß ist, drehst du die Hitze herunter und gibst etwa vier Esslöffel Teig in die Pfanne und drückst sie zu einem flachen Reibekuchen. Wende den Reibekuchen, wenn er von der Unterseite goldbraun gebraten ist.

4. Lege Küchenkrepp auf einem Teller neben dem Herd aus. Wenn auch die zweite Seite des Reibekuchens goldbraun gebraten ist, nimmst du ihn aus der Pfanne und lässt auf dem Küchenkrepp das Öl abtropfen.

5. Jetzt füllst du das Öl in der Pfanne wieder auf und backst die nächsten Reibekuchen. Solange du die restlichen Reibekuchen backst, hältst du die fertigen am besten auf einem Teller im Backofen warm (75 °C).

Aufgaben für deinen erwachsenen Hilfskoch:
- die Reibekuchen wenden und aus der Pfanne holen

Apfelmus: So wird's gemacht:

1. Als Erstes schälst, viertelst und entkernst du die Äpfel.

2. Fülle die Äpfel in einen Topf und gib ein wenig Wasser dazu, so dass der Boden des Topfes bedeckt ist. Den Topf stellst du auf den Herd und lässt die Äpfel bei starker Hitze etwa 12 Minuten kochen, bis sie ganz weich sind. Rühre dabei häufig um, damit sie nicht anbrennen.

3. Fülle die Äpfel in eine Rührschüssel und püriere sie. Wenn dir das Apfelmus nicht süß genug ist, kannst du etwas Honig oder Zucker unterrühren.

Warme Gerichte

Tiggers Gute-Laune-Pfannkuchen

Das brauchst du für 4 Portionen:

- 4 Eier
- 1 Prise Zucker
- 1 Prise Salz
- 375 ml Milch
- 125 ml Mineralwasser
- 250 g Mehl
- Öl zum Braten

Probier's mal anders:
Bestreue deinen Pfannkuchen nach dem ersten Wenden mit etwas Käse.
Für süße Pfannkuchen kannst du zusätzlich eine Packung Vanillezucker in den Teig rühren. Oder schneide Äpfel oder Bananen in schmale Streifen und gib sie in den Pfannkuchenteig. Danach brätst du die Pfannkuchen einfach wie unten beschrieben.

So wird's gemacht:

1. Schlage die Eier in eine Rührschüssel. Dann gibst du Zucker und Salz sowie die Milch und das Mineralwasser hinzu und vermischst das Ganze gut mit dem Mixer.

2. Gib das Mehl nach und nach dazu. Rühre dabei weiter alles gut durch, damit sich keine Klümpchen im Pfannkuchenteig bilden.

3. Gib ein wenig Öl in die Pfanne und erhitze es. Sobald es heiß ist, drehst du die Hitze herunter und gibst etwas Teig in die Pfanne. Am besten nimmst du dafür eine Suppenkelle. Schwenke die Pfanne leicht hin und her, damit sich der Teig gleichmäßig verteilt.

4. Wenn der Pfannkuchen von der Unterseite goldbraun gebacken ist, wendest du ihn. Ist auch die andere Seite goldbraun, legst du den Pfannkuchen auf einen Teller. Damit er nicht abkühlt, solange du die restlichen Pfannkuchen backst, hältst du ihn am besten auf einem Teller im Backofen warm (75 °C).

5. Jetzt gibst du wieder etwas Öl in die Pfanne und backst den nächsten Pfannkuchen.

6. Sind alle Pfannkuchen fertig, können sie nach Belieben belegt werden.

Aufgaben für deinen erwachsenen Hilfskoch:
- die Eier aufschlagen
- die Pfannkuchen wenden

Kuchen & Süßes

Kuchen & Süßes

Klein Ruhs und Ferkels Goldstücke

Das brauchst du für 16 Goldstücke:

500 g Weizenmehl
100 g Zucker
4 TL Backpulver
150 g Butter
2 Eier
8 EL Milch

Für die Glasur:

200 g Puderzucker
etwa 4 EL Wasser

Was du sonst noch brauchst:

16 geheime Nachrichten
Alufolie

So wird's gemacht:

1. Heize den Backofen auf 200 °C vor.

2. Vermische Mehl, Zucker und Backpulver in einer Rührschüssel.

3. Lass die Butter in einem kleinen Topf schmelzen und gieße sie über die Zutaten in der Rührschüssel.

4. Gib die Eier und die Milch hinzu und verrühre alles mit dem Mixer zu einem Teig.

5. Forme aus dem Teig 16 Kugeln. Deine geheimen Nachrichten wickelst du in Alufolie und steckst sie in die Teigkugeln, so dass sie von außen nicht mehr zu sehen sind.

6. Lege Backpapier auf ein Backblech und setze die „Goldstücke" darauf.

7. Backe die Goldstücke 15 Minuten in der Mitte des Backofens.

8. Mische für die Glasur den Puderzucker und das Wasser, streiche sie auf die abgekühlten Goldstücke und lass sie trocknen.

Aufgaben für deinen erwachsenen Hilfskoch:

- die Butter schmelzen
- die Goldstücke aus dem Backofen nehmen

Kuchen & Süßes

Christopher Robins Piraten-Lollies

Das brauchst du für 8 Lollies:

100–120 g dunkle Schokolade
16 runde Kekse

Für die Glasur:

100 g Puderzucker
1 EL lösliches Kakaogetränk-Pulver
etwa 2 EL Wasser

Was du sonst noch brauchst:

8 Holzspieße
(zum Beispiel Schaschlikspieße)
Tüte
(zum Beispiel eine kleine Gefriertüte)

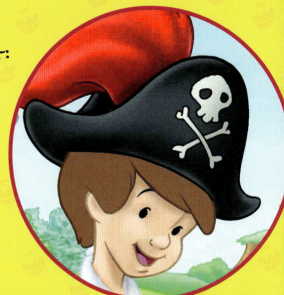

So wird's gemacht:

1. Lass die Schokolade im Wasserbad schmelzen.

2. Streiche vorsichtig etwas Schokolade auf einen Keks. In die Schokolade legst du das Ende eines Holzspießes und drückst einen anderen Keks obendrauf. Danach lässt du den Lolli auf einem großen Teller trocknen – berühre ihn nicht, bevor die Schokolade ganz fest ist, sonst rutschen die Kekshälften wieder auseinander – und beginnst mit dem nächsten.

3. Für die Glasur mischst du den Puderzucker, das Kakaogetränk-Pulver und das Wasser in einer kleinen Schale. Fülle die Masse in die saubere Plastiktüte. Schneide eine winzige Ecke der Tüte ab und verwende sie als Spritzpistole, um die Lollies mit der Glasur zu dekorieren.

Probier's mal anders:
Wenn du etwas Lebensmittelfarbe in die Glasur mischst, kannst du die Lollies auch bunt gestalten.

Aufgaben für deinen erwachsenen Hilfskoch:

• die Schokolade im Wasserbad schmelzen

• die Glasur auftragen, wenn es ganz ordentlich werden und so wie auf dem Bild aussehen soll

Kuchen & Süßes

Die Hundert-Morgen-Wald-Apfeltarte

Das brauchst du für ca. 12 Stücke:

175 g Butter
200 g Mehl
100 g saure Sahne
100 g Zucker
1 Prise Salz
Butter zum Einfetten der Form
750 g säuerliche Äpfel
1 Prise Zimt

Was du sonst noch brauchst:

einen Mixer mit Knethaken
Frischhaltefolie
eine Springform
(Durchmesser ca. 26 cm)
einen Pinsel

Tipp:

Wenn es zu schwierig ist, den Teig dünn auszurollen, schneide ihn in dünne Scheiben, verteile sie nebeneinander in der Form und drücke sie fest, so dass der ganze Boden der Form bedeckt ist. Den Teigrand machst du, indem du lange Teigwürste rollst, die du an den Rand der Form legst und festdrückst.

Probier's mal anders:

Wenn du gern Rosinen magst, kannst du eine Handvoll auf der geschmolzenen Butter verteilen, bevor du Zimt und Zucker darüberstreust. Die Tarte schmeckt auch mit Birnen sehr lecker.

Kuchen & Süßes

So wird's gemacht:

1. Schneide 125 g der Butter in kleine Stücke und gib sie in eine Rührschüssel. Dazu gibst du das Mehl, die saure Sahne, 75 g Zucker und eine Prise Salz. Knete alles zunächst mit den Knethaken des Mixers, dann mit den Händen zu einem festen Teig. Den Teig umwickelst du mit Frischhaltefolie und legst ihn für eine Stunde in den Kühlschrank.

2. Fette die Springform ein und heize den Ofen auf 200 °C vor.

3. Nimm den Teig aus dem Kühlschrank und rolle ihn etwas größer aus, als der Boden der Springform ist. Leg ihn vorsichtig in die Form, klappe die überstehenden Teigränder um und drücke sie an den Rand der Form.

4. Schiebe die Form in die Mitte des Backofens und backe den Teig 15 Minuten vor.

5. In der Zwischenzeit schälst, viertelst und entkernst du die Äpfel und schneidest sie in schmale Spalten.

6. Nimm die Form aus dem Backofen, schließe ihn und lass ihn eingeschaltet. Belege den Boden dicht mit den Apfelspalten.

7. Gib die restlichen 50 g der Butter in einen Topf und lass sie bei mittlerer Temperatur auf dem Herd schmelzen. Bestreiche die Äpfel damit. Anschließend bestreust du den Kuchen mit dem übrigen Zucker und dem Zimt.

8. Backe die Apfeltarte in der Mitte des Ofens etwa 35 Minuten, lass sie kurz abkühlen, nimm sie vorsichtig aus der Form und lass sie ganz abkühlen.

Dabei kannst du deinem Chefkoch helfen:

- die Teigwürste für den Rand rollen (siehe Tipp)
- die Apfelspalten auf dem Boden verteilen
- den Kuchen mit flüssiger Butter bestreichen und mit Zucker und Zimt bestreuen

Kuchen & Süßes

Puuhs sagenhafte Partytorte

Das brauchst du für 16 Stücke:

Butter zum Einfetten
etwas Mehl zum Ausstäuben
4 Eier
200 g Zucker
2 Päckchen Vanillezucker
oder 1 EL gemahlene Vanille
4 EL Wasser
1 Prise Salz
100 g Mehl
100 g Speisestärke
1 TL Backpulver

Was du sonst noch brauchst:

3 Springformen (Durchmesser 18 cm)
Backpapier

Für die Füllung:

350 g weiße Schokolade
500 g cremigen Frischkäse
140 g Butter (Zimmertemperatur)
1 EL Orangensaft
rosa und hellblaue Lebensmittelfarbe
1 Packung bunte Schokolinsen

Tipp:
Anstelle der Lebensmittelfarbe kannst du für die rosa Füllung auch einen Teelöffel Himbeersaft, für die hellblaue Füllung einen Teelöffel Heidelbeersaft verwenden, letztere sieht dann aber ein wenig lila aus.

Die Torte ist natürlich auch eine super Geburtstagstorte: einfach kleine Tortenkerzen obendrauf stecken!

Kuchen & Süßes

So wird's gemacht:

1. Fette die Formen ein und lege die Böden mit Backpapier aus. Heize den Backofen auf 175 °C vor.

2. Trenne die Eier. Verrühre die Eigelbe mit dem Zucker, dem Vanillezucker und dem Wasser mit den Rührbesen des Handmixers auf kleinster Stufe. Schlage die Mischung ca. 12 Minuten, bis sich eine feste, helle Creme gebildet hat.

3. Ziehe den Netzstecker, nimm die Rührbesen aus dem Mixer, wasche sie gründlich und trockne sie ab. Schlage die Eiweiße mit dem Mixer in einer hohen Rührschüssel mit dem Salz zu steifem Schnee und gib diesen in die Schüssel zur Eier-Zucker-Masse.

4. Mische das Mehl mit der Speisestärke und dem Backpulver, siebe es über den Eischnee und vermische alles vorsichtig mit einem Teigschaber oder Löffel.

5. Fülle den Teig in die vorbereiteten Kuchenformen und streiche ihn glatt. Stelle die Formen sofort in den heißen Backofen und backe die Tortenböden 20 bis 25 Minuten. Prüfe mit einem Holzstäbchen, ob sie gar sind (siehe Seite 6). Während der ersten 20 Minuten solltest du den Backofen nicht öffnen.

6. Anschließend holst du die Kuchen aus dem Ofen und lässt sie zwei Minuten in der Form abkühlen. Löse mit einem Messer die Ränder und stürze die Kuchen vorsichtig auf Kuchengitter. Bevor du sie mit der Füllung bestreichst, müssen sie vollständig abgekühlt sein.

7. Für die Füllung brichst du zunächst die weiße Schokolade in kleine Stücke. Schmelze sie im heißen Wasserbad.

8. Rühre in einer Rührschüssel den Frischkäse mit den Rührbesen des Mixers, bis er cremig ist. Gib nach und nach die weiche Butter und die geschmolzene Schokolade dazu. Wenn alles gut verrührt ist, mischst du den Orangensaft unter.

9. Nimm eine große (!) Tasse von der Füllung ab und teile den Rest in zwei gleiche Teile. Färbe einen Teil rosa, einen hellblau, die Füllung in der Tasse lässt du weiß. Lege den ersten Tortenboden auf einen Teller und streiche die rosa Füllung darauf, darauf legst du den zweiten Boden und streichst die hellblau gefärbte Füllung drauf und deckst sie mit dem dritten Boden zu. Streiche zum Schluss die weiße Füllung oben auf den Boden und um die ganze Torte. Verziere die Torte mit den bunten Schokolinsen und stelle sie mindestens 3 Stunden kalt.

Dabei kannst du deinem Chefkoch helfen:
- Kuchenteig mixen
- Füllung mixen
- Füllung auf die Böden streichen
- Die Torte mit bunten Schokolinsen verzieren

Kuchen & Süßes

Kangas Mango-Vanille-Traum

Das brauchst du für 4 Portionen:

1 reife (weiche) Mango
750 l Milch
8 Kugeln Vanilleeis

Was du noch brauchst:

einen elektrischen Standmixer, eine Küchenmaschine oder einen Pürierstab

Probier's mal anders:
Der Shake schmeckt auch sehr lecker mit Bananen oder Erdbeeren statt Mango. Oder probiere ihn einfach mal mit deinen Lieblingsfrüchten.

Ungeübte lassen sich hierbei helfen:
- beim Mixen bzw. Pürieren

Kuchen & Süßes

So wird's gemacht:

1. Schäle die Mango, schneide das Fruchtfleisch vom Kern und würfele es.

2. Gib die Mangowürfel und die Milch in den Standmixer oder die Küchenmaschine und mixe sie auf höchster Stufe, bis die Mango püriert und der Shake schön cremig ist. Wenn du keines dieser Geräte hast, kannst du auch einen Pürierstab verwenden. Mische dann die Mangowürfel zum Pürieren mit etwa 150 ml Milch in einer hohen Rührschüssel und püriere alles, bis es cremig wird. Anschließend rührst du die restliche Milch mit ein.

3. Gieße den Shake in vier große Gläser und lasse in jedem zwei Kugeln Vanilleeis schwimmen.

Ferkels feiner Kindersekt

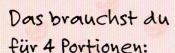

Das brauchst du für 4 Portionen:

4 EL Zucker
400 ml Apfelsaft
400 ml Zitronensprudel

Was du sonst noch brauchst:

4 Cocktail- oder Sektgläser
4 Strohhalme

So wird's gemacht:

1. Gib auf eine Untertasse etwa einen EL warmes Wasser und einen EL Zucker. Den restlichen Zucker verteilst du auf einer anderen Untertasse. Jetzt stippst du die Ränder der Gläser erst in die Untertasse mit dem Wasser und anschließend in die Untertasse mit dem Zucker. So erhalten sie einen Zuckerrand.

2. Fülle die Gläser vorsichtig je zur Hälfte mit Apfelsaft und fülle sie dann mit Zitronensprudel auf.

3. In jedes Glas gibst du einen Strohhalm, und schon kann der Kindersekt serviert werden.

Kuchen & Süßes

I-aahs Lieblings-Cookies

Das brauchst du für etwa 20 Cookies:

100 g weiche Butter
250 g Zucker
½ TL Salz
2 Eier
250 g Mehl
1 TL Backpulver
1 EL Wasser
2 EL Chocolate Chips
oder klein gehackte Schokolade

So wird's gemacht:

1. Heize den Backofen auf 170 °C vor. Gib die Butter, den Zucker, das Salz und die Eier in eine Rührschüssel und verrühre alles mit dem Mixer, bis es schaumig ist.

2. Das Mehl und das Backpulver vermischst du und rührst es nach und nach unter die Zutaten in der Rührschüssel. Gib das Wasser dazu und mische die Chocolate Chips unter den Teig.

3. Lege Backpapier auf ein Backblech. Mit zwei Teelöffeln setzt du kleine Häufchen des Teigs nicht zu dicht nebeneinander auf das Backblech.

4. Backe die Schokokekse etwa 10 Minuten in der Mitte des Backofens. Lass sie anschließend auf einem Kuchengitter abkühlen.

Ungeübte lassen sich hierbei helfen:
- beim Herausnehmen der Cookies aus dem Ofen

Ferkels Feier-Muffins

Das brauchst du für 12 Muffins:

Butter zum Einfetten
375 g Weizenmehl
3 TL Backpulver
3 EL Kakaopulver
3 EL feinen Zucker
250 ml Milch
2 Eier
150 g Vollmilchschokolade
75 g Butter

Für die Glasur:

200 g Puderzucker
etwa 4 EL Wasser
rote Lebensmittelfarbe
Streusel

Tipp: Wenn du keine Muffinform hast, kannst du den Teig auch in feste Papierförmchen füllen. Die brauchst du nicht einzufetten, und du kannst die Muffins nach dem Backen in den Formen lassen.

Was du sonst noch brauchst:

eine Muffinform mit zwölf Vertiefungen
einen Pinsel

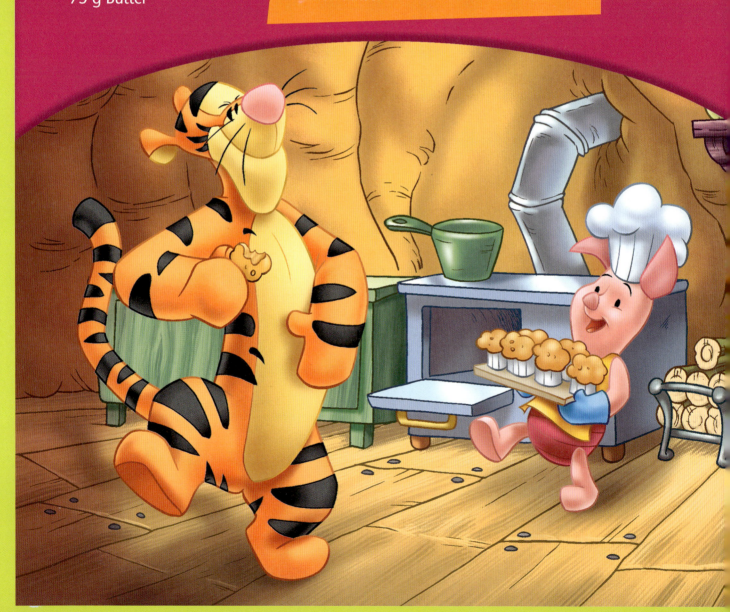

Kuchen & Süß

So wird's gemacht:

1. Fette die Muffinform ein und stelle den Ofen auf 210 °C.

2. Gib das Mehl, das Backpulver und das Kakaopulver in eine große Schüssel. Rühre mit einem Löffel den Zucker ein und drücke in die Mitte eine Mulde.

3. Verquirle die Milch und die Eier mit dem Schneebesen in einer anderen Rührschüssel.

4. Die Schokolade brichst du in kleine Stückchen und lässt sie mit der Butter im Wasserbad schmelzen. Rühre die Masse gelegentlich um, damit sich Schokolade und Butter gut vermischen.

5. Gieße die geschmolzene Schokoladenmischung und die Milch-Eier-Mischung in die Mehlmulde in der ersten Rührschüssel. Verrühre alle Zutaten mit dem Löffel, bis sie sich vermischen.

6. Fülle den Teig mit dem Löffel gleichmäßig in die Vertiefungen der Muffinform. Sie sollten zu etwa zwei Dritteln gefüllt sein.

7. Backe die Muffins 20 Minuten in der Mitte des Backofens. Anschließend nimmst du die Muffinform aus dem Ofen und stellst sie für 5 Minuten zum Auskühlen auf einen Untersetzer. Löse dann die Muffins vorsichtig aus der Form und lass sie auf einem Kuchengitter vollständig auskühlen.

8. Für die Glasur mischst du den Puderzucker, das Wasser und die Lebensmittelfarbe in einer Schüssel. Wenn die Muffins ausgekühlt sind, kannst du die Glasur mit dem Pinsel auf ihnen verstreichen und sie mit Streuseln bestreuen.

Dabei kannst du deinem Chefkoch helfen:
- die Zutaten abwiegen und verrühren
- den Teig in die Muffinform verteilen

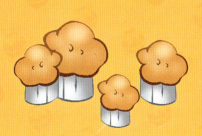

Kuchen & Süßes

Rabbits Möhren-Honig-Kuchen

Das brauchst du für etwa 20 Stücke:

800 g Möhren
1 unbehandelte Zitrone
7 Eier
240 g Akazien- oder Sonnenblumenhonig
1 Prise Salz
1 Päckchen Vanillezucker
5 EL heißes Wasser
160 g Mehl
1 gehäufter TL Zimt
320 g gehackte Haselnüsse

Für die Glasur:

200 g Puderzucker
etwa 4 EL Wasser
etwa 20 Marzipanmöhren

Was du noch brauchst:

Backpapier
ein tiefes Backblech oder eine Fettpfanne
einen Pinsel

So wird's gemacht:

1. Raspele die Möhren grob auf einer Reibe oder in der Küchenmaschine. Reibe mit einer feinen Reibe etwas von der Zitronenschale über die Möhrenraspeln. Presse die Zitrone aus und träufele den Saft über die Möhren.

2. Heize den Ofen auf 160 °C vor.

3. Trenne die Eier. Schlage das Eiweiß mit 120 g des Honigs und einer Prise Salz steif.

4. Verrühre das Eigelb mit den restlichen 120 g Honig, dem Vanillezucker und dem heißen Wasser mit den Rührbesen des Mixers, bis die Masse schaumig ist.

5. Vermische das Mehl mit dem Zimt und rühre beides unter die schaumige Masse. Gib auch die Haselnüsse und die Möhrenraspeln dazu und rühre sie unter.

6. Zum Schluss hebst du den Eischnee unter. Dafür verwendest du auf keinen Fall den Mixer, sondern am besten einen Teigschaber, denn der Eischnee ist sehr empfindlich und fällt leicht zusammen.

7. Lege ein tiefes Backblech oder die Fettpfanne des Backofens mit Backpapier aus und fülle den fertigen Teig hinein. Backe den Kuchen etwa 60 Minuten in der mittleren Schiene des Backofens.

8. Für die Glasur mischst du den Puderzucker und das Wasser in einer Schale und verteilst sie mit einem Pinsel auf dem Kuchen, wenn er ausgekühlt ist. Verziere den Kuchen mit Marzipanmöhren.

Dabei kannst du deinem Chefkoch helfen:

- den Eischnee schlagen
- die Zutaten abwiegen und in die Schüssel geben
- den Teig mixen und den Eischnee unterheben
- die Glasur aufstreichen und den Kuchen mit Marzipanmöhren verzieren

Gebackene Puuh-Bananen mit Honig

Das brauchst du für 4 Portionen:

2 Bananen
Butter zum Braten
1 EL Honig

So wird's gemacht:

1. Schäle die Bananen und schneide sie in Scheiben.

2. Gib die Butter in eine Pfanne und lass sie bei mittlerer Hitze zerfließen.

3. Wenn die Butter heiß und zerlaufen ist, stellst du die Platte auf schwache Hitze und gibst die Bananenscheiben in die Pfanne.

4. Wende die Bananenscheiben von Zeit zu Zeit, damit sie nicht anbrennen. Wenn sie leicht angebräunt sind, gib den Honig darüber und rühre noch ca. eine Minute weiter. Dann kannst du die gebackenen Bananen servieren.

Probier's mal anders:
Du kannst den Honig auch durch braunen Zucker oder Ahornsirup ersetzen.